LE PETIT VOYAGEUR DES RÊVES

Dieter Jeromin

ISBN: 9798872771043

À tous ceux qui osent voyager au-delà des frontières de la réalité, qui croient en la puissance de l'imagination et en la magie des rêves lucides. Que ce livre soit votre complice dans la quête de votre développement personnel et un phare sur le chemin de la découverte de soi. Puissiez-vous trouver dans ces pages l'inspiration pour explorer les contrées inconnues de votre esprit et la force de transformer vos rêves en réalité

La logique vous mènera de A à B.
L'imagination vous mènera partout.
Albert Einstein

Nous sommes tissés de l'étoffe
dont sont faits les rêves.
William Shakespeare
(dans "La Tempête")

Chers lecteurs,

En tant que psychiatre travaillant avec des rêves lucides et de leurs fascinantes applications thérapeutiques, c'est avec une joie profonde et un enthousiasme scientifique que je vous présente "Le petit voyageur des rêves :

se reconstruire entre rêve et réalité". Cette histoire romancée, bien qu'ancrée dans les merveilles de l'inconscient, dépasse la simple narration pour devenir un voyage initiatique.

Au cœur de ce récit se trouve Victor, un jeune garçon de douze ans, confronté aux complexités de la vie et aux tourments d'une existence partagée entre un passé douloureux et un avenir incertain. Seul avec sa mère, Victor trouve refuge dans le monde des rêves, où il rencontre Arnold, un mentor de l'imaginaire qui va l'accompagner dans ses aventures oniriques.

Ce livre n'est pas qu'une simple histoire ; il est le reflet des immenses possibilités offertes par les rêves lucides. En prenant conscience de ses rêves, Victor apprend à naviguer dans cet espace unique où la réalité se fond avec l'imaginaire, offrant un terrain fertile pour la croissance personnelle et l'épanouissement de l'esprit.

Les recherches actuelles dans le domaine

des rêves lucides ouvrent des perspectives thérapeutiques inédites, et c'est cet aspect que j'ai souhaité explorer à travers les yeux de Victor. Son histoire, bien que fictive, s'inspire des nombreuses expériences et découvertes réalisées dans le champ de l'onirologie.

Cette œuvre conserve toutefois la douceur d'un conte, une narration qui ne prétend pas refléter une réalité clinique, mais plutôt inviter le lecteur à une introspection profonde. À travers les péripéties de Victor, ce livre dévoile des vérités universelles sur le pouvoir de la résilience, la force de l'imagination et l'importance de la quête de soi.

Je vous convie à plonger dans "Le petit voyageur des rêves", un récit qui, je l'espère, éveillera votre curiosité pour les rêves lucides et vous inspirera à explorer les vastes étendues de votre propre univers intérieur.

Bon voyage dans les territoires sans limites de l'imagination et du rêve.

Docteur Jeromin

Chapitre Un 1

Chapitre Deux 9

Chapitre Trois 17

Chapitre Quatre 25

Chapitre Cinq 33

Chapitre Six 41

Chapitre Sept 49

Épilogue 57

Postface 59

À propos de l'auteur 61

Bibliographie 63

CHAPITRE UN

Je dévale les escaliers le plus silencieusement possible. Maman est dans la cuisine, je peux entendre le bruit de l'évier et le tintement des assiettes alors qu'elle fait la vaisselle. C'est le moment parfait. Elle ne me verra pas si je me faufile rapidement dans le salon.

J'ouvre doucement la porte de ma chambre et m'y glisse tel une ombre. Là, bien caché sous mon lit, l'attend mon ami Schwarzie. Je le sors délicatement de sa cachette, veillant à ne pas faire de bruit. Schwarzie est mon jouet préféré, mon confident secret. Avec ses gros muscles et son sourire fier, il me donne l'impression d'être le plus fort.

Maman n'aime pas quand je joue avec lui. Elle dit qu'il ressemble trop à Papa. Moi je trouve au contraire qu'il est gentil, avec ses yeux bleus qui me regardent toujours avec bienveillance. Je caresse la bosse de son biceps droit, là où le plastique commence à s'user. Combien de fois mes doigts ont-ils passé et repassé sur ses muscles sculptés ? Des centaines, des milliers peut-être.

J'aimerais tant pouvoir emmener Schwarzie partout avec moi. Mais Maman ne comprend pas. Elle dit que les poupées musclées, c'est pour les garçons agressifs. Moi je ne me sens pas agressif du tout. Je veux juste avoir un ami qui me réconforte, qui me donne la force d'affronter le regard noir de Maman quand je parle de Papa.

Un jour, je serai grand et fort comme Schwarzie. Je pourrai partir, voyager, découvrir le monde. Mais pour l'instant, je dois me contenter de ces moments volés, où je peux rêver en paix avec mon superhéros préféré.

Le bruit de l'évier s'arrête. Vite, il faut que je remette Schwarzie à sa place avant que Maman ne monte ! J'entends déjà ses pas dans l'escalier. Délicatement, je repose mon ami sous le lit et replace la couverture par-dessus. « À bientôt », je chuchote. Puis je me précipite vers la porte, le cœur battant, mais l'esprit apaisé.

Ce soir, couché dans mon lit, je serre fort Schwarzie contre moi. Sa musculature de plastique est froide, mais réconfortante. « Un jour, moi aussi je serai grand et fort comme toi », je chuchote à mon superhéros favori. J'écoute attentivement au cas où j'entendrais maman monter les escaliers. Mais la maison reste silencieuse.

Je ferme les yeux, Schwarzie blotti dans mes bras frêles. Le sommeil m'emporte doucement. Soudain, j'entends une voix grave et chaleureuse : « Eh bien mon garçon, on dirait que tu as besoin d'un ami ? ». J'ouvre les yeux, surpris. Schwarzie me fixe, un large sourire sur son visage de plastique.

« N'aie pas peur Victor. Je m'appelle Arnold. Dans tes rêves, je peux te parler ». Arnold ? Je ne comprends pas. « Tu sais, je n'ai pas toujours été Monsieur Muscles » reprend la figurine. « Quand j'étais petit en Autriche, j'étais chétif. Mon père était dur avec moi. Alors je me suis mis à rêver de devenir le plus fort au monde ! »

J'écoute, fasciné, tandis qu'Arnold me raconte sa jeunesse difficile. Ses doutes, ses espoirs, sa persévérance. Je me reconnais dans ses histoires. Au fond, lui et moi ne sommes pas si différents.

« Alors n'abandonne jamais Victor ! Continue de t'entraîner, même en cachette. Concentre-toi sur tes rêves, pas sur ceux des autres. Et n'oublie jamais que la force la plus importante vient de l'intérieur ».

Je hoche la tête, les yeux embués. Les paroles d'Arnold résonnent en moi. Oui, je dois rester fidèle à moi-même, comme lui. Un jour, maman comprendra.

Le réveil sonne, me tirant de ce rêve étrange, mais réconfortant. « Merci Arnold » je murmure à la figurine redevenue muette, avant de la cacher à sa place habituelle. Une nouvelle force grandit en moi.

La cour de récré est un champ de bataille. Certains jours, j'ai l'impression d'être invisible. Les autres garçons courent, crient et se bousculent. Moi je reste souvent seul dans mon coin.

Aujourd'hui, Marc et sa bande s'approchent de moi. « Alors Victor, on traîne encore tout seul ? Tu devrais venir jouer au foot avec nous, ça te musclerait un peu ! ». Je baisse les yeux, mal à l'aise. Je déteste le foot. Et je sais que Marc se moque de moi, il veut juste m'humilier.

« Non merci, je préfère rester là » je marmonne. « Oh le bébé a peur de se faire mal ! » ricane Marc. Les autres ricanent bêtement avec lui. La colère et l'injustice me serrent le ventre, mais je ne dis rien. Je fixe le sol, impuissant.

Soudain, j'entends la voix d'Arnold résonner dans ma tête : « Relève la tête et gonfle tes pecs Victor ! Ne te laisse pas faire. » J'inspire un grand coup. Je relève les yeux vers Marc et bombe le torse, essayant d'imiter la fière posture de Schwarzenegger.

« Fiche-moi la paix Marc. Je n'ai pas besoin de jouer au foot pour me muscler. Je préfère construire mes muscles à ma façon. » Ma voix tremble un peu, mais ne faiblit pas. Marc semble décontenancé. Pour une fois, sa proie ne courbe pas l'échine.

« Pff, le bodybuilder ! » lance-t-il en s'éloignant, vexé. Je souris intérieurement. Pour la première fois, j'ai tenu tête à mon persécuteur. Dans ma poche, je sens la petite figurine d'Arnold contre ma paume. Sa force m'accompagne.

Je savoure cette petite victoire sur Marc et ses sbires. Pour la première fois, j'ai osé leur tenir tête, inspirer par les paroles d'Arnold. Mais au fond de moi, je sais que cela ne restera pas impuni longtemps.

Les dernières heures de classe s'étirent en longueur. L'appréhension me noue le ventre. Que vont-ils me faire subir ?

La sonnerie tant redoutée retentit enfin. Je range mes affaires, le cœur battant. Soudain, une main agrippe mon bras et me tire violemment en arrière. C'est Marc, le regard mauvais. « Tu ne perds rien pour attendre, le bodybuilder. On va régler ça entre hommes ».

Il m'entraîne derrière le gymnase, ses copains sur les talons. Personne pour me défendre cette fois. « Alors, on fait moins le fier sans ses muscles en plastique ? ». Le premier coup part, en plein dans mon ventre. Je me recroqueville sous la douleur.

Les coups pleuvent, impitoyables. J'encaisse, tentant de protéger mon visage. Une haine farouche brûle en moi, mais que puis-je faire ? Ils sont cinq contre moi.

Quand la déferlante s'arrête enfin, je gis recroquevillé au sol, endolori. « C'est qui le plus fort maintenant ? » ricane Marc en s'éloignant avec sa bande.

Je ne réponds rien. Des larmes de frustration coulent sur mes joues tuméfiées. Mais au fond de moi, la flamme que m'a transmise Arnold continue de brûler. Un jour, je serai assez fort pour leur tenir tête. J'en fais le serment.

Je rentre à la maison, le corps endolori et l'âme en vrac. Comment vais-je expliquer ça à maman ? Elle va encore dramatiser et me couver comme un bébé.

J'inspire un grand coup et pousse la porte d'entrée. Aussitôt, j'entends maman arriver en trottinant : « Mon chéri, comment s'est passé ta journée ? ». Elle s'interrompt net en voyant mon visage tuméfié.

« Victor ! Mais que t'est-il arrivé ? Qui t'a fait ça ? »

Je baisse les yeux. Impossible de lui dire la vérité, elle foncerait directement à l'école faire un scandale.

* * *

« Euh… Je suis tombé dans la cour de récré. J'ai dévalé tout le toboggan sur le ventre, tu aurais dû voir ça ! »

Maman me dévisage, l'air sceptique. Elle n'est pas dupe.

« Voyons Victor, dis-moi ce qu'il s'est vraiment passé. Tu t'es bagarré c'est ça ? »

Je secoue la tête avec véhémence. « Mais non maman, je te jure c'était le toboggan ! J'ai glissé sans faire exprès. »

Elle plisse les yeux, pas convaincue. Mais que puis-je dire d'autre ? Je ne peux pas lui avouer la vérité… Pas envie qu'elle aille crier sur la directrice ou Marc.

Finalement, elle soupire : « Bon, si tu le dis… Allez, va mettre des vêtements propres. Ensuite on soignera ces vilains bleus ».

Ouf, elle a lâché l'affaire. Je file dans ma chambre, évitant son regard inquisiteur. Une fois seul, je sors discrètement la figurine d'Arnold de ma poche. « Ne t'en fais pas mon pote, un jour on sera assez forts pour leur faire ravaler leurs rires » je chuchote.

Ce soir-là, je suis épuisé par cette dure journée. Les bleus laissés par Marc me lancent encore. Heureusement, dans mes rêves, je sais que je vais pouvoir retrouver mon ami Arnold.

Je m'endors en serrant fort la figurine dans mes bras. Soudain, le décor autour de moi devient flou puis se stabilise. Je suis dans une salle de sport ! Face à moi se tient Arnold, aussi imposant que dans mes souvenirs.

« Salut champion ! On dirait que tu as vécu une dure bataille aujourd'hui » me lance-t-il avec un sourire bienveillant.

Rien que le fait de le voir et de l'entendre réchauffe mon cœur meurtri.

Je lui raconte alors ma confrontation avec Marc et sa bande. Les mots franchissent facilement mes lèvres, sans que je ressente la gêne habituelle. Arnold m'écoute sans m'interrompre.

« Tu as fait preuve de courage Victor. Mais n'oublie jamais que la vraie force ne vient pas que des muscles. Elle vient aussi de l'intérieur, de la confiance en soi. »

Je hoche la tête, buvant ses paroles. Ici, dans cet endroit entre rêve et réalité, je me sens en sécurité, compris.

Arnold pose une main réconfortante sur mon épaule. « Garde espoir mon garçon. Les vrais héros se relèvent toujours. »

Ces simples mots réchauffent mon cœur meurtri. Je sais désormais que, même dans l'obscurité, mon ami veille sur moi.

Dieter Jeromin

CHAPITRE DEUX

Le réveil sonne beaucoup trop tôt, mais je sais que maman déteste quand je traîne au lit. Je m'extirpe péniblement de sous ma couette, les blessures de la veille tiraillant mon corps endolori.

Titubant de fatigue, j'enfile un t-shirt trop large qui dissimule mes hématomes. Dans la cuisine, maman s'active déjà. Une bonne odeur de pain grillé et de chocolat chaud flotte dans l'air.

« Bonjour mon chéri ! Bien dormi ? » lance-t-elle d'une voix enjouée. Si seulement elle savait à quel point mes nuits sont peuplées de rêves étranges où je retrouve mon idole Arnold…

Je marmonne un « oui » peu convaincant et m'assois à table. Maman me tend une tartine que je grignote du bout des lèvres. Je n'ai pas très faim ce matin. Elle fronce les sourcils : « Allons bon Victor, il faut que tu prennes des forces ! Tu es si maigrelet… »

Elle n'a pas tort. À côté des garçons de ma classe, je fais piètre figure avec mes bras fins et mon 1 mètre 50 à peine. Si seulement je pouvais avoir la carrure d'Arnold…

* * *

« Allez, avale au moins ton chocolat » insiste maman. J'obéis, laissant le breuvage sucré réchauffer mon corps transi. Cette routine du matin, ces petites attentions… c'est sa façon à elle de prendre soin de moi. Même si je sais qu'elle ne comprendra jamais vraiment qui je suis.

Elle ébouriffe doucement mes cheveux en débarrassant mon bol. « Sois courageux aujourd'hui mon chéri. » Si elle savait à quel point ses simples mots me donnent la force d'affronter cette nouvelle journée…

Le trajet jusqu'à l'école me semble durer une éternité. J'avance d'un pas lourd, appréhendant déjà ce qui m'attend. Les élèves se bousculent dans la cour, insouciants. Moi, je reste sur le côté, observant tout ce petit monde qui m'est si étranger.

Soudain, une voix familière résonne derrière moi : « Alors muscle-boy, on rêve debout ? » C'est Marc, flanqué comme toujours de sa bande de copains. La boule au ventre, je me retourne pour leur faire face. Pas question de fuir cette fois.

« Alors, t'as réfléchi à deux fois avant de t'opposer à nous hier ? On t'a donné une bonne leçon, il me semble » ricane Marc en voyant mes blessures. Ses comparses ricanent bêtement.

Je sens la colère monter en moi, mais je la ravale. Reste calme, reste calme… « Vous pouvez me brutaliser, mais vous ne m'empêcherez pas d'être celui que je veux être » je rétorque d'une voix que j'espère assurée.

Marc éclate d'un rire mauvais. « Celui que tu veux être ? Une mauviette qui se cache derrière ses rêves de muscle ? » Ses copains éclatent de rire et commencent à me bousculer.

Je vacille, mais reste campé sur mes jambes. Les insultes et les moqueries pleuvent, mais ne m'atteignent plus. Car au fond de moi brûle la flamme qu'Arnold a allumée. Celle de la résilience.

La sonnerie annonçant le début des cours me sauve in extremis des griffes de Marc et de sa bande. Je me précipite vers ma classe, soulagé.

Mme Renoir, notre prof de français, entre dans la pièce d'un pas raide. Comme toujours, son chignon serré et ses lèvres pincées lui donnent un air sévère.

« Sortez vos livres, et en silence ! » lance-t-elle sèchement. Les élèves s'exécutent dans un brouhaha. Moi, je suis déjà prêt, livre ouvert devant moi. J'aime le français, même si Mme Renoir me décourage souvent.

« Victor, redressez-vous ! Votre posture est indigne d'un écolier. »
    J'obéis, mal à l'aise d'être ainsi repris devant tous. Mme Renoir commence son cours, m'ignorant à nouveau.

Mes pensées dérivent tandis qu'elle parle avec emphase de participes passés et de subjonctifs. Je rêve aux conseils qu'Arnold pourrait me donner pour gagner en assurance.

« Victor, vous rêvassez encore ! » La voix claquante de Mme Renoir me ramène brutalement à la réalité. « Puisque le cours ne semble pas vous intéresser, venez donc au tableau conjuguer ces verbes. »

* * *

La boule au ventre, je m'exécute. Arnold me dirait sûrement de relever la tête, de bomber le torse. Mais devant le tableau, je me sens si petit, si ignorant…

Mme Renoir me toise par-dessus ses lunettes. « Navrant » commente-t-elle en corrigeant d'un trait rouge mes erreurs.

Je regagne ma place, les joues en feu. Dans ma poche, je sens la figurine d'Arnold contre ma paume. Un jour, je serai assez fort pour ne plus me laisser intimider. Un jour…

Enfin la sonnerie annonçant la fin du cours de français retentit. L'heure de sport approche, ce qui me noue toujours l'estomac. J'ai horreur de me retrouver exposé au regard des autres élèves.

Dans les vestiaires, j'attends que tout le monde soit sorti avant d'enfiler rapidement mon short et mon t-shirt trop grands. Le coach nous rassemble sur le terrain. Au programme aujourd'hui : handball.

« Bon, on va faire les équipes. Marc, tu seras capitaine de l'une. Et pour l'autre… Victor, à toi l'honneur ! » lance le coach.

J'aimerais disparaître sous terre. Tous les regards se tournent vers moi. Je vois quelques sourires narquois. En soupirant, je désigne un à un les membres de mon équipe parmi les derniers élèves non choisis.

Le match commence. Dès la première mi-temps, mon équipe encaisse des points. Mes coéquipiers me lancent des regards noirs quand je rate lamentablement mes tirs.

* * *

Vient mon tour de garder le but. J'essaye de me concentrer, de visualiser les conseils d'Arnold. Fléchis les genoux, tends les bras, sois attentif. Le ballon arrive droit sur moi. Je plonge, mais le manque complètement.

Des rires fusent autour de moi. Marc passe devant moi en ricanant : « Franchement, retire-toi maintenant. Tu nous fais perdre avec tes muscles en baguette ! »

Rouge de honte, je quitte le terrain sous les quolibets. La fin du cours me parait une libération. Pourquoi faut-il toujours que je me sente si nul et exclu ? Un jour, je leur montrerai de quoi je suis capable.

Exténué et le moral dans les chaussettes après cette séance de sport calamiteuse, je traîne des pieds vers les douches. J'espère pouvoir me glisser discrètement sous l'eau chaude quand la cohue sera passée.

Mais Marc et sa bande en ont décidé autrement. Alors que j'ôte mon t-shirt, une violente bourrade dans le dos me fait trébucher. Je m'étale de tout mon long sur le carrelage froid et humide.

Des rires furent autour de moi. « Alors, on ne tient même plus sur ses jambes ? », raille la voix de Marc. Je relève péniblement la tête et aperçois les cinq garçons me toisant avec mépris.

La colère et l'humiliation m'envahissent, mais je sais que répondre ne ferait qu'empirer les choses. Marc s'approche et appuie son pied entre mes omoplates. « Reste à terre, c'est là ta place de loser ! »

* * *

Je serre les dents pour retenir mes larmes tandis que les quolibets continuent de pleuvoir. Enfin, ils se lassent et quittent les douches en ricanant, me laissant prostré au sol.

Je me relève péniblement, le corps endolori et les vêtements trempés. Je passe rapidement sous l'eau sans même oser enlever mon caleçon.

Seul Arnold sait ce que j'endure au quotidien. Mais ses paroles résonnent en moi : « Reste fort, Victor. Garde la tête haute. » Je suis si fatigué de lutter… Pourtant, je sais que je ne dois pas abandonner.

Harassé, je traîne des pieds vers la sortie après cette horrible journée. Plus que quelques mètres avant la délivrance. Soudain, une silhouette surgit devant moi. C'est Marc, encore une fois. Il arbore un sourire mauvais.

« Alors, muscle-boy, on se sauve déjà ? J'ai un petit cadeau d'adieu pour toi. » Avant que j'aie pu réagir, il balance son reste de purée sur moi. La bouillie gluante me couvre des pieds à la tête.

Des rires éclatent autour de nous. Rouge de honte, j'essaye d'enlever la purée collée sur mon visage. Marc ricane : « Voilà, maintenant tu as vraiment une tête de loser ! ». Sonnée, je le regarde s'éloigner en se tenant les côtes.

Me retenant de pleurer, je me précipite aux toilettes pour essayer de me nettoyer tant bien que mal. Mon reflet dans le miroir me renvoie l'image d'un garçon pathétique et seul.

Enfin propre, je sors de l'école la tête basse, priant pour ne croiser personne. Sur le chemin, je sens la petite figurine d'Arnold dans ma poche. « Garde courage, mon garçon. Demain est un nouveau jour » me souffle sa voix.

Oui, demain sera un nouveau jour. Et malgré tout, malgré les humiliations, je continuerai à me battre. Car je sais qu'un jour viendra où je relèverai la tête, fier et fort.

Exténué, je pousse la porte d'entrée en priant pour que maman ne soit pas là. Mais la vie en a décidé autrement.

« Victor, c'est toi ? Viens m'aider à éplucher les légumes ! » m'appelle-t-elle depuis la cuisine.

La mort dans l'âme, j'entre dans la pièce. Maman pousse un cri en me voyant : « Mais qu'est-ce qui t'est arrivé ? Tu es couvert de taches ! »

Je baisse les yeux. Impossible de lui avouer la vérité et de lui parler de Marc. Une fois de plus, il va falloir trouver une excuse plausible.

« Euh... On a fait une bataille de nourriture à la cantine aujourd'hui. C'était drôle, tu aurais dû voir ça ! » je mens effrontément.

Maman me dévisage, l'air sévère. « Une bataille de nourriture Voyons Victor, ce n'est pas une attitude responsable ! J'espère que tu n'y as pas participé ? »

Bien sûr que non Maman, mais j'ai pris quelques éclaboussures malgré moi. Désolé pour l'état de mes vêtements... »
Elle soupire et se radoucit. « Bon, va vite te changer. La

prochaine fois tâche de rester à l'écart de ces bêtises ».

Ouf, elle semble y croire cette fois encore. Je monte me réfugier dans ma chambre, évitant son regard inquisiteur.

Seul Arnold connaît mes tourments quotidiens. Un jour, je trouverai la force de me confier à maman. Mais pour l'instant, je préfère la protéger en gardant ces secrets rien que pour moi.

CHAPITRE TROIS

Cette nuit-là, épuisé par une nouvelle journée éprouvante, je m'endors avec la figurine d'Arnold serrée contre mon cœur. Bientôt, le décor autour de moi se fait flou puis se stabilise. Je suis de retour dans la salle de sport de mes rêves !

Arnold m'attend de pied ferme, ses muscles saillants mis en valeur par son débardeur. « Salut petit bonhomme ! On dirait que tu as encore eu une dure journée n'est-ce pas ? »

J'acquiesce timidement. Arnold pose une main réconfortante sur mon épaule.

« Laisse-moi te raconter mon enfance en Autriche. Mes camarades se moquaient de moi, car j'étais chétif. Mon père me brutalisait régulièrement. C'était une période sombre. »

J'écoute, captivé, tandis qu'il poursuit son récit. Malgré les épreuves, il n'a jamais abandonné son rêve de devenir le plus grand bodybuilder au monde.

« Il y aura toujours des gens pour te rabaisser Victor. L'important, c'est de rester concentré sur ton objectif et de ne jamais renoncer. C'est comme ça que j'ai fini par leur prouver ma valeur. »

Ces paroles résonnent en moi. Arnold a raison. Je dois persévérer, comme lui. Un jour, tous ceux qui doutent de moi verront de quoi je suis capable.

« Merci pour tes conseils » je murmure à la figurine redevenue inanimée alors que le rêve s'estompe. Demain sera un nouveau jour, empli de défis, mais aussi d'espoir. Avec Arnold à mes côtés, je sais que je peux y arriver.

Le réveil sonne, me tirant de mon sommeil peuplé de rêves inspirants. Aujourd'hui, je me sens prêt à affronter cette nouvelle journée, aussi difficile soit-elle.

Je m'habille en vitesse et descends prendre mon petit-déjeuner. Maman me tend mon bol de chocolat chaud en souriant. « Bien dormi mon chéri ? Tu as l'air en forme ce matin ! »

J'acquiesce avec entrain, avalant une gorgée du breuvage réconfortant. Les encouragements d'Arnold résonnent encore dans mon esprit, insufflant en moi énergie et espoir.

Sur le chemin de l'école, je me tiens droit, le pas décidé. Peu importent les épreuves, je suis prêt. Soudain, une voix familière claironne derrière moi : « Tiens tiens, mais c'est muscle-boy ! »

C'est Marc et sa bande. Mon corps se tend, mais je me force à respirer calmement. « Laissez-moi passer s'il vous plaît » je réplique d'une voix que j'espère ferme.

Ils ricanent, mais s'écartent. Pour la première fois, je viens de leur tenir tête sans trembler. Arrivé en classe, je m'installe à ma place, le cœur battant, mais fier.

La journée sera rude, je le sais. Pourtant, je me sens animé d'une nouvelle détermination. Car désormais, je ne suis plus seul. J'ai un modèle, un mentor, un ami. Arnold veille sur moi et m'insuffle sa force. Avec lui à mes côtés, je peux tout affronter.

Malgré mon nouvel élan au réveil, cette journée s'avère être un véritable calvaire.

En cours de sport, nous faisons du handball. Bien sûr, je suis choisi en dernier pour intégrer une équipe. Sur le terrain, je me donne à fond, essayant d'appliquer les conseils d'Arnold. Mais ma maladresse est criante et je fais perdre mon équipe.

Vient ensuite la pause déjeuner. Je m'installe seul à une table, sortant mon maigre repas. Soudain, un projectile visqueux m'atterrit en plein sur le visage. C'est Marc et ses copains, hilares après m'avoir bombardé de nourriture.

L'après-midi est un supplice. En cours de français, Mme Renoir me réprimande devant toute la classe pour ma piètre récitation de poésie. Puis en sciences, je renverse accidentellement de l'encre sur la robe d'une fille, qui se met à hurler.

Épuisé et abattu, je traîne des pieds vers la sortie à la fin des cours. J'avais tellement d'espoir ce matin… Les moqueries résonnent encore dans ma tête.

Pourtant, en caressant la figurine dans ma poche, je me rappelle les paroles d'Arnold. Les héros aussi ont des jours difficiles. L'important, c'est de se relever. Oui, demain sera un nouveau jour. Un jour où je continuerai à me battre.

Éreinté, je marche vers le portail de l'école, désireux de rentrer chez moi. Soudain, une silhouette surgit devant moi. C'est Marc, un sourire mauvais aux lèvres. Avant que j'aie pu réagir, il pose son pied devant moi. Je trébuche et m'étale de tout mon long dans une flaque de boue.

Des rires fusent autour de moi. Marc ricane : « Tu es vraiment à ta place par terre, muscle-boy ! ». Mortifié, je me relève péniblement, mes vêtements trempés et maculés de terre.

Les larmes me montent aux yeux, mais je les ravale. La tête basse, j'arrive enfin chez moi, priant pour que maman ne soit pas là. Mais elle m'attend dans l'entrée, et pousse une exclamation en me voyant :

« Victor ! Mais que t'est-il arrivé ? Tu es dans un état ! »
    Je marmonne une excuse peu convaincante à propos d'une chute dans une flaque. Maman soupire puis m'envoie me débarbouiller et me changer.

Seul dans la salle de bain, je laisse enfin couler mes larmes. Je suis si fatigué de tout ça… Pourtant, la voix d'Arnold résonne en moi : « Relève la tête, mon garçon. Demain est un nouveau jour. »

Oui, demain je me relèverai encore. Car je ne suis pas seul. Mon ami veille sur moi et me donne la force d'avancer.

Cette nuit encore, le décor autour de moi se brouille puis se stabilise pour laisser place au gymnase où m'attend patiemment mon ami imaginaire Arnold.

* * *

« Salut mon garçon ! On dirait que tu as vécu une autre journée éprouvante aujourd'hui. »

J'acquiesce en soupirant. Arnold pose une main réconfortante sur mon épaule. « Laisse-moi te raconter un peu plus de ma propre jeunesse. Tu penses avoir une vie difficile, mais crois-moi, la mienne était encore plus dure. »

Intrigué, je lève les yeux vers lui tandis qu'il poursuit : « En Autriche, j'étais le souffre-douleur de l'école. Les autres garçons me malmenaient constamment, car j'étais chétif. Mon père me battait régulièrement. J'ai pensé au suicide plus d'une fois. »

Je l'écoute, des larmes dans les yeux, impressionné par les épreuves qu'il a traversées. Arnold pose une main réconfortante sur mon épaule.

« Mais je me suis accroché à mon rêve de devenir bodybuilder. C'est cela qui m'a sauvé. Alors garde espoir Victor. Même dans les moments les plus sombres, il y a de la lumière si on persévère. »

Ces mots résonnent en moi. Oui, lui aussi a connu la souffrance, peut-être même plus que moi. Mais il s'en est sorti grâce à sa résilience. Son récit insuffle en moi une nouvelle détermination. Demain, je me relèverai pour affronter un nouveau jour.

Aujourd'hui, je me sens d'humeur plus courageuse après les encouragements prodigués par Arnold dans mon rêve. En cours de français, nous devons faire des exposés en binôme. D'habitude, je finis toujours seul dans mon coin. Mais cette fois, inspiré par les paroles d'Arnold, je me lance :

« Euh… je peux me mettre avec toi si tu veux ? » dis-je d'une petite voix à Lucas, un garçon solitaire qui a l'air aussi intimidé que moi en général.

Il lève des yeux surpris vers moi, mais acquiesce avec un mince sourire. Nous nous mettons au travail, et je découvre que nous avons pas mal de points communs. Lucas est passionné de bandes dessinées, tout comme moi !

L'exposé se déroule bien et je surprends même un compliment de Mme Renoir sur notre travail. À la fin du cours, Lucas me glisse : « On forme une bonne équipe finalement ! Si tu veux, on peut se retrouver à la récré pour parler BD ? »

J'acquiesce avec un grand sourire. Grâce à Arnold, j'ai osé faire le premier pas et me suis fait mon tout premier ami ! Cette amitié naissante réchauffe mon cœur et me donne espoir dans les moments difficiles. Désormais, je ne suis plus seul.

À la fin des cours, la maîtresse nous annonce une nouvelle qui me fait l'effet d'un coup de massue : demain, toute la classe part en voyage scolaire à la montagne pour trois jours !

Je sens l'angoisse m'étreindre tandis que mes camarades exultent. Partir avec eux, loin de la sécurité de la maison, c'est un vrai cauchemar pour moi. Rien que d'imaginer devoir partager une chambre avec d'autres garçons, dont Marc et sa bande, j'en suis malade.

Sur le chemin du retour, je n'arrive pas à penser à autre chose.

Mon estomac se tord d'appréhension. Comment vais-je survivre à ce voyage ? Les moqueries et les brimades risquent d'être décuplées, loin du cocon familial.

En parlant du voyage à maman le soir, j'essaye de dissimuler mon angoisse. Mais elle doit sentir que quelque chose ne va pas. Doucement, elle passe une main dans mes cheveux : « Ne t'inquiète pas mon chéri, je sais que tu vas t'amuser là-bas. »

Je voudrais tant le croire…

Cette nuit encore, le décor familier du gymnase se dessine autour de moi. Arnold m'y attend, fidèle au poste.

« Salut fiston ! On dirait que tu as vécu une autre journée difficile aujourd'hui », dit-il en posant sa main massive sur mon épaule.

J'acquiesce en soupirant. Arnold me fait asseoir et commence à me narrer un épisode de sa propre jeunesse :

« Quand j'ai décidé de partir m'installer aux États-Unis, je n'y connaissais personne. J'ai fait mes valises tout seul et je suis monté dans l'avion, le cœur battant, mais déterminé. Arrivé à New York, je ne savais pas où aller. Je ne parlais pas bien l'anglais. Pourtant, je suis allé de l'avant. »

Je l'écoute, fasciné. Arnold poursuit :

« Ce voyage m'a forgé le caractère. J'ai dû apprendre à me débrouiller, à ne compter que sur moi-même dans un pays inconnu. Bien sûr j'ai eu des moments de doute et de peur. Mais ma motivation était plus forte. Alors garde espoir, mon garçon. Même dans la solitude, on trouve la force d'avancer. »

Ces paroles résonnent en moi et m'insufflent du courage. Oui, si même lui a traversé ces épreuves, je peux y arriver aussi. Demain sera un nouveau jour, rempli de défis, mais aussi d'opportunités.

CHAPITRE QUATRE

Le grand jour est arrivé. Le bus nous emmène en voyage scolaire à la montagne pour trois jours. J'ai le ventre noué par l'appréhension. Partager le dortoir avec les autres garçons, dont Marc et sa bande, s'annonce comme un cauchemar.

Dans le bus, je m'installe seul tout au fond. J'essaye de me faire discret, mais Marc me repère bien vite. Il vient s'asseoir à côté de moi, un sourire narquois aux lèvres. « Alors muscle-boy, prêt à t'amuser ? On va bien rigoler ! »

Mon estomac se tord un peu plus. Arrivés sur place, on nous répartit dans les chambres. Évidemment, je me retrouve avec Marc et ses acolytes. Dès que les professeurs ont le dos tourné, les brimades commencent.

Le soir au réfectoire, l'un d'eux fait exprès de me bousculer et je renverse mon plateau par terre. Tout le monde éclate de rire. Je ramasse mes affaires, mortifié, sous les quolibets.

Recroquevillé dans mon lit, j'essaye de puiser du courage dans les paroles d'Arnold. Il a traversé bien pire. Je ne dois pas abandonner, je suis plus fort que je ne le crois. Demain sera un nouveau jour pour prouver ma valeur.

* * *

Voici une proposition pour continuer le récit de manière cohérente, avec Victor apprenant que son ami Lucas n'est pas là et qu'une fille a été empêchée de lui parler par Marc :

Le deuxième jour du voyage commence. Au petit-déjeuner, j'apprends que mon nouvel ami Lucas n'a finalement pas pu venir, à cause d'un mot d'excuse de ses parents. Je suis déçu, j'espérais pouvoir compter sur son soutien face aux moqueries.

En cours de sciences, la jolie Léa se retourne vers moi pour me demander un stylo. Avant que j'aie pu réagir, Marc la coupe sèchement : « Laisse tomber Léa, parle pas à ce loser ! ». Choquée, elle obéit et se détourne.

Je suis mortifié. Marc ricane et lance à la cantonade « Personne ne veut lui causer de toute façon ! ». Les autres ricanent. Rouge de honte, je baisse les yeux.

La pause déjeuner est un nouveau calvaire. Je m'installe à une table vide, mais Marc et ses copains viennent s'asseoir autour de moi. Ils se moquent ouvertement de moi, faisant fuir les autres élèves alentour.

Une fille a essayé de m'adresser la parole, et Marc l'en a empêchée… Si seulement Lucas avait pu venir, je me sentirais moins seul face à ces brimades. Mais il faut que je reste fort. Demain est un nouveau jour pour prouver ma valeur, comme le dit si bien Arnold. Je vais me battre.

Cette nuit encore, le décor du gymnase familier m'entoure. Arnold m'attend de pied ferme. « Alors mon garçon, comment te sens-tu après cette dure journée ? » me demande-t-il.

J'hésite, ne sachant quoi répondre. Arnold pose une main réconfortante sur mon épaule.

« Laisse-moi te donner un conseil essentiel, Victor. Dans la vie, il y a ce qui est important, et ce qui ne l'est pas. Les moqueries, les humiliations, tout cela n'a aucune importance. Ce sont des distractions futiles. Ce qui compte vraiment, c'est ce que tu as au fond de toi. »

Je lève les yeux, attentif à ses paroles.

« La force intérieure, le courage, la bonté… voilà les qualités qui définissent un homme. Cultive-les, et le reste n'aura plus d'emprise sur toi. Garde cela à l'esprit, mon garçon. Demeure fidèle à toi-même, et ton chemin s'éclairera. »

Ces mots résonnent en moi comme une vérité profonde. Oui, rien de ce que Marc et les autres peuvent me faire n'a d'importance. Seul compte ce que je suis, au plus profond de mon âme. Fort de cette certitude, je me sens prêt à affronter les épreuves à venir.

« Merci Arnold. Grâce à toi, je sais que je trouverai la force en moi. » dis-je avant que le rêve ne s'estompe, emportant mon ami avec lui.

Aujourd'hui, notre classe part en randonnée en montagne. Les professeurs nous répartissent par groupes de 3. Bien sûr, je me retrouve avec Marc et l'un de ses acolytes. Ils ricanent en me voyant arriver.

Le sentier se révèle escarpé et glissant. J'avance prudemment, mais Marc me bouscule à chaque virage. Je trébuche plusieurs fois, m'écorchant les mains et les genoux sur les rochers.

À la pause déjeuner, tandis que je sors mon maigre repas, Marc le fait tomber par terre d'une bourrade. Forcé de ramasser ma nourriture souillée, j'ai la nausée et n'arrive pas à avaler une bouchée.

L'après-midi, exténué, je traîne en queue de peloton. Soudain, une violente poussée dans le dos me fait basculer. Je dévale la pente sur plusieurs mètres avant de m'immobiliser, le souffle coupé.

Marc et son ami sont pliés de rire. « Alors, on a trébuché muscle-boy ? ». Choqué et endolori, je ne réplique pas. Ils repartent en ricanant, me laissant me relever péniblement, couvert d'égratignures.

Le soir venu, allongé dans mon lit, je repasse cette horrible journée. Pourtant, les paroles d'Arnold résonnent en moi. Tout cela n'a pas d'importance. Seule compte ma force intérieure. Demain, je me relèverai.

Cette nuit, dans le gymnase familier de mes rêves, Arnold s'approche et pose une main ferme sur mon épaule.

« Écoute, Victor. Laisse-moi te transmettre quelques convictions essentielles qui m'ont guidé toute ma vie. »

J'acquiesce, tout ouïe. Arnold commence à énoncer d'une voix profonde :

« Premièrement, avoir une vision claire et des objectifs précis est indispensable pour réussir. Sans vision ni but, on erre sans direction. Tu dois savoir exactement où tu vas et ce que tu veux accomplir. »

J'approuve d'un signe de tête. Arnold poursuit :

« Deuxièmement, le succès nécessite un travail acharné et de la discipline. Rien n'est acquis par hasard ou par miracle. Tu dois tout donner, sans relâche, et ne jamais abandonner. »

Mon admiration pour lui grandit à chaque mot.

« Troisièmement, il faut oser sortir de sa zone de confort et se lancer des défis. C'est là que commence la vraie croissance. Le succès se trouve hors de la zone de confort. »

« Enfin, l'échec fait partie intégrante du succès. Il ne faut pas le craindre, mais l'accepter et en tirer des leçons. Chaque échec te rapproche du succès final. »

Ces paroles résonnent en moi comme des vérités essentielles. Elles guideront chacun de mes pas vers mon rêve. « Merci, Arnold. Grâce à toi, je sais maintenant quel chemin suivre. » dis-je avant de m'éveiller, l'esprit empli de motivation.

Nous sommes au dernier jour du voyage en montagne. Exténué par les brimades des deux jours précédents, j'espère tenir bon jusqu'au retour.

Mais Marc semble déterminé à faire de cette journée un enfer. Pendant la randonnée matinale, il me fait trébucher à répétition. Épuisé, je traîne la patte en fin de file et les professeurs me réprimandent.

* * *

À la pause déjeuner, Marc renverse mon plateau par terre d'un coup d'épaule. Forcé de ramasser ma nourriture souillée sous les quolibets, j'ai la nausée et n'arrive pas à manger.

L'après-midi, au bord d'un précipice, Marc me pousse brusquement dans le dos. Je bascule dans le vide, m'accrochant de justesse à une branche. Livide, il bredouille des excuses devant les professeurs alertés par mes cris. Mais le mal est fait.

Le soir, je m'effondre sur mon lit, le corps endolori et le moral au plus bas. J'ai l'impression d'être au fond du gouffre. Pourtant, la voix d'Arnold résonne en moi. Je dois persévérer, ne pas abandonner. Demain, ce voyage prendra fin. Avec l'aide de mon ami imaginaire, je trouverai la force d'avancer.

Cette nuit, dans le décor désormais familier du gymnase, Arnold vient à ma rencontre.

« Écoute Victor, laisse-moi te transmettre trois leçons capitales ce soir. »

J'acquiesce, impatient d'entendre les paroles de sagesse de mon mentor.

« Premièrement, la confiance en soi est cruciale. Tu dois croire en toi et en tes capacités pour convaincre les autres. Sans confiance, tu n'iras nulle part. »

J'approuve de la tête, buvant ses paroles.

« Deuxièmement, ton entourage et tes fréquentations sont déterminants. Entoure-toi de personnes positives qui te tirent vers le haut. Laisse tomber les autres. »

* * *

Son regard appuyé me fait comprendre qu'il parle de Marc.

« Enfin, troisièmement, la persévérance et la détermination paient à long terme. Même face aux obstacles, tu ne dois jamais abandonner tes objectifs. »

Je sens la motivation grandir en moi tandis qu'il conclut :

« N'oublie jamais ces principes, Victor. Ils te mèneront au succès. »

« Merci infiniment, Arnold. Grâce à toi, je sais maintenant comment avancer » dis-je avant que le rêve ne s'estompe. Demain, je mettrai ces leçons en pratique.

De retour en classe après le calvaire du voyage scolaire, je suis soulagé de retrouver Lucas, mon nouvel ami. Les paroles d'Arnold résonnent en moi : m'entourer de personnes positives qui me tirent vers le haut.

À la récréation, nous discutons bandes dessinées avec entrain. Soudain, Marc surgit devant nous, l'air menaçant. « Alors muscle-boy, on papote avec son petit copain ? C'est mignon ! ». Lucas s'apprête à répliquer, mais je l'arrête d'un geste.

Puisant dans la confiance en moi insufflée par Arnold, je réponds calmement : « Laisse nous tranquilles, Marc ». Surpris, il ne trouve rien à redire. Lucas me félicite tandis que Marc s'éloigne en maugréant.

Plus tard, alors que je suis seul, Marc revient à la charge et tente de me faire un croche-pied. Mais cette fois, j'esquive agilement son geste. Furieux, il part en bougonnant.

Grâce aux leçons d'Arnold, j'ai tenu tête à mon bourreau. Ses paroles ont fait germer en moi une confiance nouvelle. Désormais, entouré de vrais amis, je saurai rester fort.

CHAPITRE CINQ

Malgré ma nouvelle assurance après les conseils d'Arnold, ce jour ne fut pas sans embûche.

En cours de sport, nous faisions des exercices d'équilibre sur une poutre. Concentré, je progressais prudemment. Soudain, une violente bourrade dans le dos me fit basculer de la poutre. Je m'écrasai lourdement au sol, sous les rires des autres élèves.

Furieux, je me retournai pour faire face à mon agresseur. Marc, bien sûr, un sourire narquois aux lèvres. « Alors muscle-boy, on ne tient pas sur ses jambes ? ». Choqué et humilié, je ravalai mes larmes.

Plus tard, changé pour la piscine, je découvris avec horreur que mon maillot de bain avait mystérieusement rétréci. Les coutures menaçaient de lâcher quand je l'enfilai, provoquant l'hilarité autour de moi.

C'était un coup de Marc, j'en étais certain. Il avait dû passer à l'action pendant que je me changeais. Bouillant de honte et de rage, je plongeai dans l'eau pour cacher mon corps.

* * *

Malgré la protection d'Arnold et de Lucas, les brimades de Marc étaient loin d'être terminées. Mais ses paroles me revinrent à l'esprit. Je devais persévérer, ne pas abandonner. Un jour viendrait où je lui tiendrais tête.

Cette nuit, dans le gymnase familier, Arnold vient à ma rencontre. « Mon garçon, j'ai encore quelques leçons de vie à te transmettre. » J'écoute, avide d'enrichir mes connaissances.

« Premièrement, chaque jour est une nouvelle chance de progresser. Ne stagne pas dans le passé, regarde devant toi. » J'acquiesce, comprenant qu'il me parle de mes humiliations.

« Deuxièmement, le succès et le bonheur dépendent avant tout de nos choix et de notre attitude face à la vie. »

Ces mots font écho en moi. Oui, je choisis désormais la force d'esprit.

« Enfin, pour atteindre l'excellence, il est nécessaire de sortir en permanence de sa zone de confort et de repousser ses limites. »

Je saisis la profondeur de cet enseignement. Arnold conclut :

« N'oublie jamais cela. Le chemin sera parfois ardu, mais garde espoir. Aie confiance en toi et en tes capacités. Un grand destin t'attend si tu persévères. »

« Merci, je chérirai vos leçons » dis-je, avant que le rêve ne s'estompe, emportant mon guide bienveillant. Demain, grâce à Arnold, j'avancerai sur la voie de l'excellence.

Le lendemain, je me rends à l'école la boule au ventre. Hier soir, dans mon rêve, Arnold m'a conseillé de garder espoir. Mais dès mon arrivée dans la cour, Marc vient me bousculer violemment.

En classe, la maîtresse nous donne un contrôle surprise de mathématiques. Nerveux avec Marc juste derrière moi qui n'arrête pas de me lancer des boulettes de papier, je n'arrive pas à me concentrer. Résultat : un zéro pointé.

À la cantine, je m'installe avec mon plateau quand l'un des amis de Marc fait exprès de me faire un croche-pied. Je m'étale de tout mon long, mon repas répandu par terre. Tout le monde rit, moi je ravale mes larmes.

L'après-midi en sport, j'espère me racheter. Mais dans les vestiaires, on a dérobé mes vêtements, et je dois faire le cours en sous-vêtements. Nouvelles moqueries et humiliation.

Sur le chemin du retour, la bande de Marc me pourchasse en m'insultant. Je cours me réfugier chez moi, bouleversé. Maman essaye de me réconforter, en vain. Je finis recroquevillé sur mon lit, me demandant comment surmonter ces épreuves. J'espère qu'Arnold saura m'inspirer ce soir dans mon rêve.

Cette nuit, dans mon rêve, Arnold vient s'asseoir à mes côtés. « Écoute Victor, je vais te raconter mon histoire pour t'inspirer à persévérer malgré les épreuves.

Je viens d'une famille très stricte en Autriche, avec un père autoritaire qui désapprouvait ma passion pour le bodybuilding. Adolescent, j'étais obsédé par ce sport, y consacrant tout mon temps libre. C'était ma façon de m'évader de mon village et de réaliser mes rêves.

Dès 15 ans, j'ai commencé à participer en secret à des compétitions de bodybuilding. J'ai remporté ma première à 18 ans. Malgré les critiques constantes, j'étais déterminé à devenir le meilleur bodybuilder du monde. Je m'étais fixé cet objectif très tôt.

Pour moi, la clé était d'avoir une vision claire, beaucoup de discipline, et de toujours persévérer face aux difficultés. Je m'entraînais avec un acharnement inébranlable. J'admirais les grands noms américains comme Reg Park et rêvais de m'installer aux États-Unis.

A 21 ans, malgré l'opposition de mes parents, j'ai déménagé aux USA en poursuivant mon rêve ultime de devenir Mr Univers puis Mr Olympia. Ma détermination et ma force mentale m'y ont mené : je suis devenu le plus jeune Mr Univers à 23 ans !

Ma réussite vient de ma vision, de mon travail sans relâche et du fait que je n'ai jamais abandonné malgré les obstacles. Garde cela en tête. Tu peux y arriver toi aussi Victor ! »

Ces paroles résonnent en moi et ravive la flamme de mon courage. Fort de son exemple, je saurai persister et vaincre les épreuves.

Le lendemain, l'angoisse me tenaille avant même d'arriver à l'école. Et mes craintes se confirment. En cours de maths, Marc place une punaise sur ma chaise. Je pousse un cri de douleur en m'asseyant, provoquant l'hilarité générale.

À la récréation, alors que je suis seul dans un coin, la bande de Marc vient me bousculer en chœur. Je tombe dans une flaque de boue sous leurs quolibets.

Au réfectoire, je pose mon plateau sur une table vide quand l'un des acolytes de Marc passe en « tirant accidentellement » sur ma manche. Mon assiette s'écrase au sol, éparpillant son contenu.

L'après-midi en EPS (éducation physique et sportive), nous faisons des crosses québécoises. Marc shoote « sans faire exprès » son bâton qui vient me frapper en plein ventre. Le souffle coupé, je mets un genou à terre sous les rires narquois.

Sur le chemin du retour, la bande de Marc me prend en chasse à travers le parc, me traitant de « loser » et de « mauviette ». Exténué, je rentre chez moi le moral en berne et le corps endolori.

Une fois de plus, j'espère trouver du réconfort dans les paroles d'Arnold ce soir. Son soutien m'est indispensable pour affronter cette épreuve au quotidien. Je dois tenir bon.

Cette nuit, dans mon rêve, Arnold s'assoit face à moi avec un regard bienveillant. « Victor, laisse-moi te résumer les convictions qui m'ont guidé dans la vie. »

« Tout d'abord, sors de ta zone de confort. C'est là que commence la vraie croissance. Repousse tes limites pour atteindre l'excellence. »

J'acquiesce, comprenant qu'il parle de mon angoisse face aux brimades.

« Ensuite, chaque jour est une chance de progresser. Ne

stagne pas dans le passé, regarde devant toi. »

Arnold poursuit avec fermeté : « Le succès et le bonheur dépendent de toi, de tes choix, de ton attitude face à la vie. »

« Crois en toi et en tes capacités. La confiance est cruciale pour avancer. »

« Entoure-toi de personnes positives qui te tirent vers le haut. Tes fréquentations sont essentielles. »

« Persévère et reste déterminé, même face aux obstacles. À long terme, cela paie. »

Enfin, il conclut : « Vois l'échec comme une leçon, non comme une fin. Il fait partie intégrante de la réussite. »

Ces paroles font écho en moi. Grâce à Arnold, je sais que je peux surmonter cette épreuve. « Merci infiniment pour ces conseils. Ils me donneront la force d'avancer », je lui dis avant de m'éveiller, le cœur empli d'espoir.

Le réveil sonne, m'arrachant à mon rêve réconfortant avec Arnold. Une nouvelle rude journée m'attend au collège.

Et mes pressentiments sont vite confirmés. Dès mon arrivée, Marc me fait un croche-pied dans la cour. Je m'étale de tout mon long, sous les rires et les moqueries des autres élèves.

En classe, le professeur me demande de résoudre un problème au tableau. Bloqué par le stress, je reste figé, incapable de répondre. « Pathétique » ricane Marc derrière moi.

* * *

À la cantine, une banane écrasée atterrit sur ma tête, envoyée par la bande à Marc. Humilié, je quitte la salle sous leurs quolibets.

L'après-midi, en sport, Marc et ses acolytes me bombardent de ballons pendant que je fais des pompes. Épuisé, je finis dernier à tous les exercices.

Sur le chemin du retour, ils me pourchassent à travers le parc en me lançant des projectiles. Recroquevillé contre un arbre, j'attends qu'ils se lassent.

Je rentre chez moi le moral dans les chaussettes. Mais ce soir, dans mes rêves, Arnold saura trouver les mots pour raviver ma détermination. Je dois tenir bon, ne pas abandonner.

Cette nuit, dans mon rêve récurrent, Arnold vient s'asseoir face à moi. « Victor, écoute-moi attentivement. Ton corps recèle un potentiel insoupçonné que tu peux développer grâce à des techniques spécifiques. »

Intrigué, je tends l'oreille. Arnold poursuit : « Le corps humain possède des capacités d'adaptation latentes héritées de l'évolution. Elles lui permettent de s'adapter à des conditions extrêmes comme le froid, la chaleur ou d'autres stress. »

« La méthode Wim Hof allie des respirations contrôlées, l'exposition au froid et la force mentale. Elle repousse les limites physiologiques et renforce le système immunitaire. Elle augmente aussi les performances physiques et mentales. »

« En maîtrisant cette méthode, tu pourras endurcir ton corps et ton esprit. Tu réveilleras ton plein potentiel. Es-tu prêt à relever ce défi ? » conclut-il en me fixant intensément.

Empli d'une motivation nouvelle, je réponds avec conviction : « Oui, je suis prêt ! Guide-moi sur cette voie, Arnold. Ensemble, nous irons plus loin que je n'aurais jamais imaginé. »

Son visage s'illumine d'un large sourire. Demain, grâce à lui, j'entreprends un entraînement qui me mènera au-delà de mes limites actuelles.

CHAPITRE SIX

Le lendemain matin, je décide de suivre le conseil d'Arnold et de prendre une douche froide pour commencer à m'endurcir. Je tourne le robinet vers le froid et laisse l'eau glacée couler sur mon corps. Au début, je frémis et respire avec difficulté. Mes muscles se contractent sous le choc thermique.

Je tiens bon pendant deux minutes, mais c'est tout ce que je peux supporter pour l'instant. Frissonnant, je reprends vite une température agréable, soulagé de me réchauffer. Même si ce fut une expérience intense, je suis content d'avoir testé la méthode d'Arnold.

C'était une première étape. Il me faudra m'entraîner régulièrement pour m'habituer progressivement et résister plus longtemps au froid mordant. Mais grâce aux encouragements d'Arnold, je suis déterminé à repousser mes limites pour devenir plus fort mentalement et physiquement.

Je sors de la douche plein d'une énergie nouvelle, prêt à affronter cette journée. Mon entraînement ne fait que commencer, mais je sais désormais que mon corps recèle un potentiel insoupçonné qui n'attend qu'à être exploité.

* * *

Aujourd'hui encore, la journée s'annonce éprouvante au collège. Dès mon arrivée dans la cour, la bande de Marc me bouscule et me traite de « mauviette ». En cours de français, le professeur me demande de lire un texte à voix haute et je bégaie, paralysé par le stress tandis que Marc ricane derrière moi.

À la cantine, je m'installe à une table vide, mais les amis de Marc me font rapidement comprendre que je ne suis pas le bienvenu. Je finis par aller manger aux toilettes, mortifié. En sport, Marc et sa bande me visent avec les ballons pendant le match de handball. Épuisé et endolori, je rentre chez moi la tête basse.

Une fois de plus, je me sens humilié et impuissant. Mais ce soir, dans mes rêves, je sais qu'Arnold sera là pour moi. Ses conseils me donnent la force d'avancer malgré les épreuves. Son entraînement physique et mental m'aide à développer une résilience insoupçonnée. Grâce à lui, je trouve le courage d'affronter le lendemain.

Cette nuit, dans mon rêve, Arnold s'assoit en face de moi. « Victor, je vais t'expliquer la suite de ton entraînement pour décupler ta force mentale et physique.

Tout d'abord alterne des exercices intenses et des bains glacés. Cet entraînement par intervalles à haute intensité, associé au froid, stimulera tes réserves d'énergie et augmentera ton endurance.

Ensuite, expose-toi progressivement aux basses températures et pratique des respirations spécifiques. Le froid et la respiration peuvent soulager certaines maladies en réactivant les capacités d'autoguérison du corps. »

* * *

« Cet entraînement ne sera pas facile, mais il te rendra plus résistant. Es-tu prêt à repousser tes limites ? » me demande-t-il.

« Oui, je suis déterminé à suivre votre enseignement et à devenir plus fort mentalement et physiquement ! » je réponds avec conviction.

Arnold me sourit. « Bien, accroche-toi Victor. Reste concentré sur ton objectif. Ton potentiel est immense, ne l'oublie jamais. »

Sur ces paroles, Arnold s'estompe et le rêve prend fin. Demain, je commencerai cet entraînement intensif pour décupler ma force intérieure.

Dès le matin, je tente de suivre le programme d'entraînement indiqué par Arnold dans mon rêve. Je commence par une courte douche froide qui me fait frissonner, puis j'enchaîne quelques pompes rapides dans ma chambre avant d'être essoufflé.

Le soir venu, je replonge brièvement dans une eau glacée, pousse un cri au contact du froid mordant, et ressors tremblant au bout de quelques secondes. Je m'emmitoufle dans une serviette, claquant des dents mais fier d'avoir persévéré.

Les jours suivants, je continue ces exercices, augmentant progressivement le temps d'exposition. Je suis les instructions d'Arnold du mieux possible malgré le manque d'équipement.

Cet entraînement hors du commun me pousse hors de ma

zone de confort. Même si je suis loin du niveau d'endurance d'Arnold, je sens que je deviens plus résistant mentalement et physiquement. Ses encouragements résonnent en moi et boostent ma motivation.

Je sais que la route est encore longue, mais grâce à mon mentor, je progresse chaque jour dans mon développement personnel. Son enseignement me donne la force d'avancer.

Cette nuit, dans mon rêve récurrent, Arnold vient s'asseoir en face de moi. « Victor, j'ai d'autres conseils à te donner pour développer ton mental et ton physique. »

J'écoute attentivement, impatient d'enrichir mon apprentissage.

« Les courses à obstacles dans des conditions extrêmes permettent de tester tes limites et de reconnecter avec tes instincts primordiaux de survie », explique-t-il.

Il poursuit : « L'entraînement militaire en conditions difficiles augmente ta résilience et ta capacité d'adaptation en repoussant les frontières de l'endurance humaine. »

« Retiens ceci : l'être humain recèle un formidable potentiel d'adaptation. Pour le décupler, il faut se confronter méthodiquement aux forces de la nature. Cela renforce la vitalité et la résilience. »

Ces paroles résonnent en moi. Déterminé, je réponds : « Merci pour ces enseignements. Je suis prêt à me surpasser pour devenir plus fort. Votre guidance m'est précieuse pour y arriver. »

* * *

Arnold me sourit. « C'est bien Victor. Garde cette motivation, et n'abandonne jamais. Tu as un grand potentiel en toi. »

Sur cette phrase, il disparaît. Je me réveille, galvanisé pour intensifier mon entraînement grâce aux sages paroles de mon mentor.

Le lendemain, je décide d'appliquer les conseils d'Arnold pour intensifier mon entraînement. Je commence par une série de pompes rapides dans ma chambre, mais je m'essouffle vite. Puis je passe sous une douche froide, mais le choc thermique est si fort que je ressors grelottant au bout de quelques secondes.

Les jours suivants, je persévère malgré les difficultés. Je varie les exercices physiques intenses comme Arnold me l'a enseigné. Mais réaliser tout cela chez moi, sans équipement adapté, s'avère complexe.

Lors d'une sortie au parc, je tente un parcours du combattant improvisé, escaladant des murets et slalomant entre les arbres. Mais je trébuche vite, épuisé et endolori.

Je comprends qu'il est ardu de mettre en pratique ces techniques sans préparation. Tout progrès nécessite rigueur et patience. Même si mon entrainement avance lentement, je m'accroche aux paroles d'Arnold, déterminé à repousser mes limites pour devenir plus résistant.

Grâce à sa motivation, je garde espoir en l'avenir, sachant que je tiens le bon cap. Ses conseils éclairent mon chemin, même si le début du voyage est difficile.

Aujourd'hui encore, la journée commence mal au collège. À

peine arrivé, je reçois une boulette de papier derrière la tête de la part de Marc et sa bande. En cours de maths, le professeur me pose une question piège à laquelle je ne sais pas répondre, provoquant les rires de l'ensemble de la classe.

À la récréation, alors que je suis seul dans la cour, des élèves se mettent à me bousculer en imitant ma démarche maladroite et à se moquer de ma cicatrice au visage. À midi, je m'installe avec mon plateau, mais Marc fait exprès de me renverser ma carafe d'eau sur les jambes.

L'après-midi est tout aussi éprouvante. En sport, personne ne veut me prendre dans son équipe, me laissant seul sur le banc de touche. Puis en arts plastiques, on me vole mon pot de peinture, si bien que je ne peux pas finir mon œuvre.

Sur le chemin du retour, la bande de Marc me pourchasse à travers le parc en me jetant des cailloux. Éreinté et abattu, je rentre finalement chez moi, anticipant déjà les brimades du lendemain. Mais dans mes rêves, je sais qu'Arnold sera présent pour me réconforter et me donner la force d'avancer.

Cette nuit, dans mon rêve récurrent, Arnold vient s'asseoir en face de moi, l'air solennel. « Victor, écoute-moi attentivement. Je veux te répéter l'essence de mon enseignement, pour que tu puisses continuer à avancer, même quand je ne serai plus là pour te guider. »

Je l'écoute religieusement, sachant que nos rencontres nocturnes s'espacent.

« Victor, n'oublie jamais ceci : aie une vision claire de tes objectifs et travaille sans relâche pour les atteindre. Sois curieux, adaptable et persévérant face aux difficultés.

Transmets ta passion aux autres et sers-toi de tes talents pour redonner à la communauté. »

Il poursuit : « Rappelle-toi que le corps et l'esprit recèlent des forces insoupçonnées. Ose les explorer en repoussant tes limites. Et surtout, croie en toi, car tu as le potentiel pour réaliser de grandes choses. »

Arnold pose sa main sur mon épaule et conclut : « Bientôt, tu devras avancer par tes propres moyens, comme je l'ai fait moi-même. Mais avec courage et détermination, tu parviendras à te tracer ton propre chemin. »

Je sens qu'il s'agit de nos derniers instants ensemble. Je le remercie du fond du cœur pour tous ses enseignements qui ont transformé ma vie. Puis il s'efface lentement de mon rêve, me laissant seul, mais confiant en l'avenir grâce à lui.

48

CHAPITRE SEPT

Le lendemain, un événement inattendu se produit et éclaire enfin le mystère de ma cicatrice.

Alors que je range le grenier, je tombe par hasard sur une vieille boîte à chaussures contenant des lettres et des photos de mes parents. Soudain, une image attire mon attention : on y voit ma mère me portant bébé, avec un pansement sur le front à l'endroit exact de ma cicatrice actuelle.

Intrigué, je parcours les lettres et découvre que j'ai fait une grave chute dans les escaliers peu après ma naissance. Ma mère, paniquée, m'avait immédiatement emmené à l'hôpital où j'avais reçu plusieurs points de suture, laissant cette marque indélébile.

Les lettres révèlent aussi les tensions qui régnaient entre mes parents à cette époque. Mon père reprochait à ma mère son inattention qui avait provoqué l'accident. Cela avait créé des disputes et aggravé leurs problèmes de couple.

Pour la première fois, je comprends l'origine de ma cicatrice et entrevois la complexité de la relation entre mes parents. Même si ces révélations sont douloureuses, elles m'aident à mieux saisir mon histoire familiale. Je me sens plus complet, plus en paix avec moi-même.

Grâce à cette découverte, une partie de mon passé enfoui remonte à la surface. Je peux enfin tourner la page et regarder vers l'avenir.

Cette découverte confirme en réalité ce que ma mère m'avait déjà indirectement révélé sur mon père.

Elle m'avait confié par le passé qu'il était obsédé par sa force physique et le bodybuilding, au point d'en négliger sa famille. Elle sous-entendait aussi qu'il pouvait se montrer violent et me mettait en garde de ne pas devenir comme lui.

Les documents que j'ai trouvés corroborent ce sombre portrait. Les reproches sur l'inattention de ma mère dénotent le caractère égocentrique de mon père, uniquement focalisé sur lui-même et ses passions. Les disputes évoquées révèlent aussi ses possibles accès de colère.

Bien que choqué, je ne suis donc pas totalement surpris. J'ai maintenant la confirmation que mon père était loin d'être le homme attentionné décrit par ma mère. Derrière ses mensonges se cachait une volonté de me protéger d'une vérité douloureuse sur mes origines familiales.

Ces révélations sont difficiles à encaisser, mais elles comblent les zones d'ombre du récit de ma mère. Je comprends mieux ses mises en garde et sapeur de me voir suivre la mauvaise voie. Mon histoire familiale s'éclaire enfin, me permettant de tourner la page.

Quand j'ai confronté ma mère avec mes découvertes sur mon

père, elle s'est montrée très troublée. Visiblement, reparler de lui ravive des souvenirs douloureux qu'elle préfère enfouir.

Dans son agitation, elle décide de me faire une surprise pendant que je suis à l'école. Elle achète un nouveau lit, plus grand et moderne, adapté à mon âge d'adolescent.

Je découvre le lit flambant neuf en rentrant des cours. Ma mère m'explique qu'elle a fait don de mon ancien lit et de mes vieux meubles pour faire de la place.

Soudain, un détail me frappe : ma figurine favorite de Schwarzie, que je cachais sous mon ancien lit, a disparu ! Ma mère a dû la jeter par inadvertance avec les autres affaires.

Je suis peiné par la perte de ce porte-bonheur qui me rappelait mon mentor imaginaire. C'était mon dernier lien concret avec mon ami Arnold. Mais la vie continue et il est temps d'aller de l'avant.

Cet incident montre combien le souvenir de mon père reste douloureux pour ma mère. En m'offrant un nouveau lit, elle souhaite sans doute aussi me donner un nouveau départ, loin des zones d'ombre du passé. Même si le changement est difficile, je sais qu'elle veut mon bien. Je dois désormais tracer ma propre voie.

Ce soir-là, j'attends impatiemment de retrouver Arnold dans mes rêves. Après la perte de ma figurine, j'ai besoin plus que jamais des encouragements de mon mentor imaginaire.

Je m'endors en me concentrant de toutes mes forces pour faire un rêve lucide et parler à nouveau avec lui. Mais cette nuit, rien ne se passe comme prévu.

* * *

Malgré tous mes efforts, mon esprit reste noir et silencieux. Aucun signe d'Arnold ni d'un quelconque rêve lucide. Je me réveille au petit matin, déçu et attristé.

Durant plusieurs nuits, j'espère en vain son retour. Mes nuits redeviennent ordinaires, sans lumière ni guide. L'absence d'Arnold me pèse énormément. J'ai perdu à la fois mon mentor imaginaire et le compagnon de mes rêves.

Même si une page est tournée, ce manque laisse un grand vide en moi. Arnold avait illuminé mes nuits pendant si longtemps. Sans lui, je me sens perdu dans le noir. Mais je sais qu'il faut avancer. Ses enseignements restent gravés en moi. Il est temps que je trace mon propre chemin, comme il l'avait souhaité.

Mes rêves sont désormais solitaires, mais le courage qu'Arnold m'a transmis brille toujours en moi. Je dois continuer, porté par cet héritage invisible. Un jour viendra où je n'aurai plus besoin de guide pour trouver la lumière.

Quelques mois plus tard, un événement incroyable se produit. Alors que je rentre de l'école, un homme m'aborde près de chez moi. Je le reconnais aussitôt, même si je ne l'ai pas vu depuis tant d'années. C'est mon père.

Il m'explique qu'il était en voyage d'affaires dans la région et qu'il a décidé de saisir cette chance de me revoir. Nous nous installons dans un café pour discuter. C'est très étrange de me retrouver face à ce père absent depuis mon enfance.

Au début, la conversation est maladroite. Puis, encouragé par son attitude aimable, je me confie sur mes découvertes récentes à son sujet. Il m'avoue alors ses torts, s'excuse pour son comportement passé et exprime ses regrets de m'avoir abandonné.

Bien que surpris par ses confessions, je finis par lui pardonner. Nous ne pouvons changer le passé, mais nous avons l'occasion de repartir sur de nouvelles bases. Il me propose de garder contact et de se revoir lors de ses prochains passages dans la région.

Cette rencontre inattendue m'apporte un sentiment de paix. J'ai enfin la possibilité de connaître mon père et de panser nos blessures. Grâce au dialogue, nous ouvrons la voie à une réconciliation sincère. Je me sens plus complet depuis que j'ai retrouvé ce père perdu. Une page difficile de mon histoire se tourne.

Lors de nos retrouvailles, je demande à mon père s'il se souvient de la figurine « Monsieur Muscles » qu'il m'avait offerte étant petite.

Il me répond, l'air gêné, qu'il a complètement abandonné la musculation depuis des années. Avec son travail prenant, il n'a plus le temps de s'y consacrer.

Ces mots me rappellent ce qu'Arnold m'avait expliqué dans mes rêves : il arrivait à s'entraîner 5 heures par jour quoiqu'il arrive, en trouvant toujours le moyen de se libérer du temps pour sa passion.

Je réalise ainsi le contraste entre mon père, qui a laissé son travail prendre le pas sur ce qui lui tenait à cœur, et Arnold qui n'a jamais perdu de vue ses priorités. Même occupé, il consacrait du temps à ce qui comptait vraiment pour lui.

* * *

Bien que heureux de retrouver mon père, je mesure à quel point ses choix de vie diffèrent des enseignements d'Arnold. Son abandon du sport qui le définissait reflète son manque de détermination.

Mais ce rapprochement comble en partie l'absence d'Arnold dans mes rêves. Et grâce à lui, j'ai acquis la volonté nécessaire pour ne pas reproduire les erreurs de mon père. Je suivrai une voie différente, guidé par la voix intérieure de mon mentor imaginaire.

Des mois ont passé depuis la disparition d'Arnold de mes rêves. Pourtant, son absence continue de me peser énormément. J'aimerais tant pouvoir lui parler une dernière fois, ne serait-ce que quelques minutes.

Chaque nuit, j'espère son retour. En vain. Arnold me manque cruellement. Sa présence rassurante, ses paroles motivantes, son aura si inspirante… Tout cela a disparu, me laissant avec un vide immense.

J'aimerais le remercier de vive voix pour tout ce qu'il a fait pour moi. Sans lui, je n'en serais pas là aujourd'hui. Arnold a transformé ma vie, m'a rendu plus fort et plus confiant. Je voudrais avoir l'occasion de le lui dire.

J'aimerais aussi avoir la chance de lui dire au revoir dignement, de tourner la page de la bonne manière. Mettre un point final à nos rencontres nocturnes, en sachant qu'il restera à jamais une part de lui en moi.

Même un bref instant avec Arnold me comblerait. Juste pouvoir croiser à nouveau son regard bienveillant et sentir sa main réconfortante sur mon épaule. Lui exprimer ma gratitude et faire mes adieux à mon guide, mon mentor, mon ami imaginaire.

Mais il a disparu, ne laissant que le souvenir de sa lumière en moi. Je dois avancer seul à présent. Pourtant, je donnerais n'importe quoi pour un dernier rêve avec lui. Juste un dernier rêve…

Cette nuit, dans un rêve lucide, je me retrouve sur le chemin de l'école. Soudain, un homme d'un certain âge m'aborde. Je distingue mal ses traits, mais sa voix semble familière.

« Excusez-moi, jeune homme, pourriez-vous m'indiquer la direction à suivre ? » me demande-t-il avec bienveillance.

Je lui explique poliment le chemin et il me remercie chaleureusement avant de continuer sa route.

C'est alors que je réalise : cette voix, c'était celle d'Arnold ! En me demandant mon chemin, ce n'est pas le sien qu'il cherchait… mais le mien !

Il voulait savoir si j'avançais dans la bonne direction. Si je progressais bien dans la vie grâce à son enseignement. Par cette simple question, Arnold vérifiait les fruits de nos rencontres passées.

Lorsque je me réveille, je suis bouleversé. Par ce bref rêve, mon vœu de revoir Arnold une dernière fois s'est réalisé. Il reste à mes côtés, veillant discrètement sur mon parcours.

Je n'oublierai jamais nos moments partagés. Mais ce songe marque la fin de notre voyage commun. Je suis désormais prêt à suivre mon propre chemin, grâce à la force qu'il m'a insufflée.

Je peux avancer sereinement vers l'avenir, porté par cet héritage intangible. Où que j'aille, Arnold veille sur moi.

CHAPITRE HUIT
Épilogue

Cinq ans ont passé depuis mon dernier rêve avec Arnold. Je suis maintenant adulte et ai quitté le cocon familial pour entamer mes études universitaires.

Bien que nos rencontres nocturnes appartiennent au passé, je ressens toujours la présence d'Arnold en moi. Son enseignement a guidé chacun de mes pas et m'a permis de devenir l'homme que je suis aujourd'hui.

J'ai appris à positiver face aux épreuves, à repousser mes limites et à croire en mes capacités. La confiance et la détermination qu'il m'a transmises me permettent d'avancer sereinement dans la vie.

Je sais aussi que je ne suis pas seul. J'ai renoué des liens forts avec mon père et suis entouré d'amis sur qui compter. Tout cela, je le dois à Arnold, mon mentor, mon ami imaginaire.

Son souvenir continuera de veiller sur moi, où que l'avenir me mène. Je porte en moi son héritage et sa lumière pour accomplir de grandes choses. Le petit Victor intimidé d'autrefois a laissé place à un jeune homme épanoui, grâce à son guide des rêves.

Même si nos chemins se séparent, une part de lui vivra toujours en moi.

CHAPITRE NEUF

Postface

À l'instant où nous laissons Victor continuer son chemin, un nouveau chapitre de sa vie s'ouvre, riche des enseignements et des expériences qu'il a accumulés. Comme lui, nous avons tous une histoire unique à vivre, parsemée de rêves et de réalités, de défis et de découvertes. Victor, armé d'un esprit fort et d'un imaginaire riche, est prêt à poursuivre son voyage vers la réalisation de soi.

Ce récit romancé, bien qu'inspiré de la réalité des rêves lucides et de leur potentiel thérapeutique, reste une œuvre de fiction. Les aventures oniriques de Victor, bien que peintes avec soin et détail, sont le produit de l'imagination. Elles s'inspirent de concepts explorés dans deux ouvrages de référence cités dans notre bibliographie, mais elles ne doivent pas être prises pour des expériences vécues.

Les rêves lucides, ces états de conscience où l'on sait que l'on rêve, existent bel et bien. Plus de la moitié des gens les expérimentent au moins une fois dans leur vie. Ces rêves offrent un monde de possibilités, permettant à chacun de façonner son univers onirique de manière unique et personnelle.

Toutefois, il est important de reconnaître que l'utilisation des rêves lucides, en particulier à des fins thérapeutiques, peut comporter des risques. Dans ce récit, Victor navigue dans ses rêves avec une aisance qui relève de la fiction. Dans la réalité, explorer les profondeurs de l'esprit à travers les rêves lucides peut nécessiter l'accompagnement d'un professionnel. Si cette pratique vous intrigue, je vous encourage vivement à consulter un médecin ou un thérapeute expérimenté dans ce domaine.

En fermant ce livre, souvenez-vous que, tout comme Victor, chacun de nous peut apprendre à puiser dans ses rêves et son imagination pour grandir et se transformer. Les rêves lucides sont une porte ouverte sur l'infini de notre esprit, mais ils doivent être abordés avec respect et connaissance.

Puissiez-vous, à l'instar de Victor, trouver dans vos propres rêves le courage de vous réaliser pleinement.

CHAPITRE DIX

À propos de l'auteur

e Dr Jeromin est une figure éminente dans le monde de la psychothérapie, avec une carrière diversifiée et riche qui s'étend sur plusieurs décennies. Après avoir mené des études poussées en médecine et en psychologie en Allemagne, en Italie et en France, il a acquis une expérience hospitalière significative, travaillant dans des établissements renommés tels que la Clinique Psychiatrique du CHU de Strasbourg et la Clinique de neurologie de Strasbourg.

En tant que spécialiste médical en neurologie et psychiatrie, le Dr Jeromin a longtemps offert ses services en tant que médecin en libéral. Cependant, après plus de vingt ans de consultations en cabinet, il a récemment pris la décision de ne plus recevoir de patients en consultations présidentielles. Il continue néanmoins à accompagner un nombre limité de patients via la télémédecine, adaptant ainsi sa pratique aux besoins contemporains.

Dans son parcours en tant que thérapeute, le Dr Jeromin a eu l'occasion de se familiariser avec une vaste gamme de techniques thérapeutiques. Cela inclut les thérapies brèves, la Thérapie cognitive et comportementale (TCC), la psychanalyse, l'hypnose médicale, et les thérapies assistées par les rêves lucides. Son approche est caractérisée par sa capacité à intégrer ces différentes méthodes pour créer des stratégies de traitement adaptées à chaque patient.

Le r Jeromin est également membre de l'American Academy of Neurology et a suivi des formations complémentaires en neurophysiologie. Son expertise est reconnue internationalement, comme en témoigne son rôle d'expert en psychiatrie à la Cour d'appel de Colmar et son implication dans des programmes de formation continue pour médecins.

À côté de sa carrière médicale, le Dr Jeromin est un homme de passions diverses, incluant la navigation de plaisance, la plongée, le vol en ULM et parapente, ainsi que la radioamateur, la photographie et l'astronomie. Ces intérêts variés enrichissent sa compréhension de la vie et influencent positivement sa pratique thérapeutique.

CHAPITRE ONZE

Bibliographie

Sélection d'autres ouvrages courants du même auteur également disponibles en français :

À l'ombre du raisonnement, 2020, 126 pages

Cahier d'exploration : Une chasse au trésor à travers « À l'ombre du raisonnement », 2021, 151 pages

L'Essentiel de la Neurologie : Un Manuel pour demain, 2023, 473 pages

Timothée et l'enchantement de la neurologie : Un périple initiatique, 2023, 541 pages

Fibromyalgie en Couleurs : L'essentiel par le Dr Jeromin, 2023, 83 pages

Vanessa face à l'invisible : L'épreuve de la fibromyalgie, 2023, 75 pages

* * *

Les Secrets du Dragon invisible : Un Périple à travers la Fibromyalgie, 2023, 37 pages

Léo sur l'île mystérieuse des décisions rapides et réfléchies : Un voyage fantastique dans le labyrinthe de notre cerveau, 2023, 81 pages

Zoé remet à plus tard : L'art de vaincre la procrastination : conseils d'un psychiatre, 2023, 405 pages

Max face à l'abîme du désir virtuel : conseils d'un psychiatre pour surmonter l'addiction pornographique, 2023, 326 pages

Anne : de la rumination à la légèreté d'esprit, 2023, 41 pages

Le manuel du rêveur lucide, 2023, 63 pages

Guérir en rêvant : l'exploration thérapeutique du rêve lucide, 2023, 89 pages

Les livres qui ont largement inspiré le contenu du rêve lucide de Victor dans cette histoire sont les suivants

Arnold Schwarzenegger, Be Useful: Seven tools for life Relié, 2023, 288 pages

Anna Reads, Workbook for Be Useful: Seven Tools for Life: Study aid for Arnold Schwarzenegger's book, 2023, 54 pages

Scott Carney, What Doesn't Kill Us: the bestselling guide to transforming your body by unlocking your lost evolutionary strength, 2019, 272 pages